As opções que são feitas por uma nação através de seus dirigentes têm um tanto de visão de estadista, outro tanto de vocação cultural e predisposição (talvez, predestinação) do povo.

Este Tratado é um exemplo típico onde o governante pensou estar fazendo a melhor escolha para e com o seu povo, que sem exigir sacrifícios do povo português o levou à sua inversão na importância histórica, enquanto outro povo, o inglês, liderado por estadistas de verdade se preocupou menos com o presente e mais com o futuro e através de sacrifícios extremos no passado conduziram a nação por um caminho sem volta para o sucesso por mais de oito séculos no futuro.

Esta é a explicação de como quatro países inverteram os seus papéis e as suas trajetórias históricas em pouco mais de oito séculos; quase um milênio de histórias.

São quatro nações européias: Portugal, Espanha, Inglaterra, e França.

Se quiserem adotar a terminologia Weberiana em sua explicação sobre o sucesso do capitalismo, e o espírito protestante do capitalismo seria: duas nações católicas e duas nações protestantes, respectivamente, Portugal e Espanha, e, Inglaterra e França.

Portugal e Espanha optaram pela atividade econômica tradicional, baseada na agricultura e na baixa dependência da Tecnologia (ciência Matemática, por sinestesia).

Inglaterra e França apostaram nas atividades econômicas apoiadas na mais alta tecnologia (apoiada em inversões de capital financeiro em conhecimento da Matemática - capital intelectual e humano): as máquinas.

Mas, nem sempre fazer o que o povo quer e deseja democraticamente significa fazer o governo de estadistas nem significa fazer o melhor para o próprio povo.

A prática da ciência da Matemática é uma atividade penosa.

Costumo pensar que nos países nórdicos, e naqueles também onde o frio é relativamente rigoroso, as pessoas são obrigadas a planejarem as suas atividades de modo a permanecerem mais tempo possível em casa, recolhidos, então este sistema climático pelo menos durante três meses ao ano permite e quase obriga as pessoas a se voltarem às atividades mais circunspectas e reflexivas, daí terem o ambiente adequado para desenvolverem-se os estudos das ciências mais complexas, por total falta de alternativas para exercitar o cérebro e estimulá-lo a permantecer aquecido e ativo no inverno rigoroso.

Pode ser uma bela desculpa, afinal Portugal e Espanha não sofrem com o mesmo rigor do inverno de França e Inglaterra, além do que, são países católicos, ou seja, segundo Weber falta-lhes o espírito de poupança e disciplina moral peculiar à doutrina protestante.

Espanha e Portugal não produziram matemáticos como os franceses

a) Ampère(1814),

b) D' Alembert(1752),

c) Berger(1960),

d) Borel(1921),

e) Brianchon(1821),

f) Briot(1842),

g) De Broglie(1927),

h) Cauchy(1821),

i) Clairaut(1736),

j) Comte(1824),

k) Condorcet(1765),

l) Decartes(1637),

m) Delambre(1790),

n) Fermat(1629),

o) Fourier(1808),

p) Galois(1830),

q) Germain(1808),

r) Jordan(1870),

s) Lafforgue(2000),

t) Lagrange(1768),

u) Laplace(1780),

v) Lebesgue(1904),

w) Legendre(1770),

x) M. Lévy(1870),

y) P. Lévy(1950),

z) Méchain(1790),

aa) Mersenne(1615),

bb) Moivre(1690),

cc) Monge(1779),

dd) D'Oresme(1343),

ee) Pascal(1634),

ff) Poncelet(1822),

gg) Poisson(1800),

hh) Sarrus(1831),

ii) Vandermonde(1771),

jj) Vernier(1605),

kk) Viète(1571), ou,

como os ingleses

a) Alcuino(755),

b) Babbage(1814),

c) Briggs(1588),

d) Boole(1838),

e) Cayley(1930),

f) Dirac(1926),

g) Fisher(1915),

h) Halley(1705),

i) Kelvin(1831),

j) Lovelace(1842),

k) Maclaurin(1719),

l) Maxwell(1864),

m) Morgan(1828),

n) Napier(1570),

o) Newton(1687),

p) Recorde(1557),

q) Sylvester(1841),

r) Taylor(1732),

s) Venn(1866),

t) Wallis(1656),

u) Watt(1754),

v) Wiles(1994).

O Tratado de Methuen, também referido como **Tratado dos Panos e Vinhos**, foi um tratado assinado entre a Grã-Bretanha e Portugal, em 27 de Dezembro de 1703.

Foram seus negociadores o embaixador extraordinário britânico John Methuen, por parte da Rainha Ana da Grã-

Bretanha, e D. Manuel Teles da Silva, marquês de Alegrete.

Pelos seus termos, os portugueses se comprometiam a consumir os têxteis britânicos e, em contrapartida, os britânicos, os vinhos de Portugal. Com três artigos, é o texto mais reduzido da história diplomática europeia[1]:

"I. Sua Majestade ElRey de Portugal promete tanto em Seu proprio Nome, como no de Seus Sucessores, de admitir para sempre daqui em diante no Reyno de Portugal os Panos de lãa, e mais fábricas de lanificio de Inglaterra, como era costume até o tempo que forão proibidos pelas Leys, não obstante qualquer condição em contrário.

II. He estipulado que Sua Sagrada e Real Magestade Britanica, em seu proprio Nome e no de Seus Sucessores será obrigada para sempre daqui em diante, de admitir na Grã Bretanha os Vinhos do produto de Portugal, de sorte que em tempo algum (haja Paz ou Guerra entre os Reynos de Inglaterra e de França), não se poderá exigir de Direitos de Alfândega nestes Vinhos, ou debaixo de qualquer outro título, directa ou indirectamente, ou sejam transportados para Inglaterra em Pipas, Toneis ou qualquer outra vasilha que seja mais o que se costuma pedir para igual quantidade, ou de medida de Vinho de França, diminuindo ou abatendo uma terça parte do Direito do costume. Porem, se em qualquer tempo esta dedução, ou abatimento de direitos, que será feito, como acima he declarado, for por algum modo infringido e prejudicado, Sua Sagrada Magestade Portugueza poderá, justa e legitimamente, proibir os Panos de lã e todas as demais fabricas de lanificios de Inglaterra.

INTRODUÇÃO

O Tratado de Methuen, acordo comercial estabelecido entre Portugal e Inglaterra em 1703 é de importância fundamental para o entendimento de outros acontecimentos históricos ocorridos às duas nações, bem como ao Brasil, que teve participação importante nesse tratado.

Considerando-o alguns como prejudicial ao desenvolvimento da nação (perpetuando inclusive influências negativas até hoje) e outros que, se não o achando benéfico, pelo menos não enxergam no mesmo as possíveis implicações na decadência lusitana no século XVIII.

No primeiro caso, opinam os autores que, além do domínio comercial que fornece aos ingleses sobre os portugueses, como diz Sandro Sideri, "o Tratado de Methuen provocou a destruição do único setor que poderia ser a testa-de-ponte do processo de industrialização português [as manufaturas têxteis] e que, se existisse, poderia evitar o 'desfasamento tecnológico' que ainda hoje caracteriza Portugal".

Na perspectiva oposta, uma análise "das condições econômicas, tanto nacionais como inglesas, no século XVIII leva-nos a ter de alterar o ponto de vista de sua influência [do tratado] decisiva tanto na decadência da indústria portuguesa como no desenvolvimento da exportação inglesa para Portugal", tese essa defendida principalmente por José Borges de Macedo.

O que faremos aqui, portanto, é mostrar os variados pontos de vista a respeito de Methuen, dando espaço a outras vozes que não somente as afirmantes de que ele foi nocivo a Portugal.

Começa aqui, então, o que se propõe ser uma contribuição aos estudos da historiografia portuguesa.

Não foi Methuen o tratado que iniciou as relações comerciais entre Portugal e Inglaterra: elas começam em 1373, sendo firmado em tal data um tratado de aliança militar contra Castela, que ameaçava a independência do reino português. No entanto, a gritante supremacia inglesa observada no tratado de 1703 não ocorria aqui e nem nos séculos seguintes: pelo contrário, até o final do século XVI a nação lusitana, junto à Espanha, desempenhou um papel de destaque na economia européia, sendo inclusive o maior centro de poder. Tratava-se de um dos primeiros **Estados Nacionais** a serem formados, com o comando político centralizado em um rei; em virtude de sua centralização precoce (século XI), experimentara um desenvolvimento tecnológico e marítimo mais avançado que o resto da Europa, inclusive iniciando, no século XV, as Grandes Navegações pelos oceanos.

Possuía diversos domínios coloniais, dos quais obtinha riquezas agrícolas, mantinha importante tráfico de escravos para suas colônias e controlava o valioso e lucrativo comércio de especiarias nas Índias. Portugal era, de longe, a maior força européia, tanto política quanto economicamente. As outras nações da Europa, principalmente Inglaterra e França, não tinham condições para enfrentar tal soberania: eram países que, durante a expansão lusa, iniciavam sua recuperação da Guerra dos Cem Anos (1337-1453), e assim não poderiam combater com afinco o crescimento econômico ibérico.

Tal diferença de poder influenciava, obviamente, as relações entre essas nações. Os autores são unânimes em dizer que os portugueses dominavam os acordos econômicos feitos com os ingleses nessa época. O prestígio e poderio do Império Lusitano determinavam tal predominância.

No entanto, a nação portuguesa não pensava em seu futuro, nas possibilidades de concorrência que poderiam enfrentar em seu domínio. Toda a riqueza que obtinham não se traduzia em crescimento: pelo contrário, era consumida na manutenção de uma Corte suntuosa e importação de artigos de luxo e de manufaturados, não se incentivando a modernização da agricultura ou o desenvolvimento de manufaturas, que se limitavam, para Sideri, à pequena produção das *oficinas*, "indústrias de pequena dimensão(...) abrangendo a própria família, enfim, algo parecido com o sistema doméstico", e, principalmente, não investiram na educação, conhecimento científico, no desenvolvimento daquela que é a base da tecnologia: a Matemática. O reino começava a entrar em decadência.

Da mesma forma, a administração do Estado e das colônias não era eficaz, o que contribuía para tal problematização. Tal falta de visão de futuro é expressa por vários autores como decorrente da mentalidade do homem português, ainda presa excessivamente ao campo e às pequenas unidades de produção familiares e que, como disse Sérgio Buarque de Holanda, procura soluções momentâneas, rápidas e fáceis (que poupem esforços) para os problemas que enfrenta (a colonização brasileira, segundo o próprio Sérgio, é o maior exemplo).

Não pensariam em resoluções e projetos a longo prazo; dessa forma, faltava ao português a mente científica, matemática e, porque não, visionária, erudita, voltada ao incremento das atividades intelectuais, acúmulo de conhecimento e conseqüente ampliação de oportunidades.

As precoces centralização e grandeza lusitanas não ocorreram na mesma proporção que a mudança dessa consciência. Foi essa a característica lusitana, o Estado mercantilizou-se, mas não se organizou como centro de conhecimento(..) o dinheiro da expansão irá sobretudo para a colocação imobiliária, especialmente na construção de igrejas e solares(...) o investimento, quando se deu, inscreveu-nos quadros senhoriais".

Enquanto isto os seus concorrentes, França e Inglaterra desenvolviam outro tipo de preocupação: a inteligência matemática. Pólo oposto ao seguido pelas nações ibéricas Portugal e Espanha, que não caminharam em direção ao conhecimento mais básico de todos, aquele que o filósofo Platão dizia ser "que não entre na Academia de Filosofia quem não souber geometria", que era o nome dado à

Matemática nos tempos dos filósofos, quinhentos anos antes de Cristo. Nem isto serviu de inspiração aos dirigentes ibéricos.

Se a geometria era básica para a Filosofia e para Auguste Comte a Matemática (em sua hierarquia das ciências e do conhecimento científico, a mais genérica seria Sociologia, e a mais basilar, a Matemática) seria a mãe de todas as ciências, então se pode perceber onde está o erro de todo o planejamento dos países que não foram bem sucedidos no capitalismo. Ao contrário do que afirmou Adam Smith, no seu estudo sobre as Riquezas das nações, o segredo está no conhecimento tecnológico, cuja base é a Matemática.

Nesse quadro, tornava-se cada vez mais oneroso manter as colônias e controlar gastos; o Estado Português beirava a falência. A perda da independência em 1580 somente veio piorar a situação já caótica. Formando a União Ibérica com a Espanha, Portugal envolvia-se diretamente com todos os conflitos armados que os espanhóis assumiam com o resto da Europa; isso implicava em gastos ainda maiores para uma economia já debilitada. O império colonial se desorganizou, sendo inclusive invadido por outras nações (como a Holanda no litoral pernambucano, nos anos 40 do século XVII). À mesma época, Inglaterra, França e Holanda (Países Baixos) desenvolviam sua economia e potencial marítimo, configurando-se como forças capazes de ameaçar a já decadente dominação ibérica. Portugal consegue, após diversas articulações e revoltas da nobreza, libertar-se do domínio espanhol em 1640.

Totalmente enfraquecido economicamente (perdera o monopólio do comércio oriental; o Brasil fora invadido; o açúcar de suas colônias enfrentava concorrentes no mercado europeu) e politicamente (precisava do reconhecimento europeu à nova dinastia real de Bragança), o país teve de aceitar o novo equilíbrio de forças no continente e submeter-se a alianças com as potências mais fortes tendo em vista três objetivos: **manter sua economia em funcionamento, proteger-se de ataques e, principalmente, resguardar as posses coloniais no Ultramar**. Para isso, a nação lusitana vai relembrar

1383, nas suas origens, e constituir alianças com a antiga aliada Inglaterra, que se configurava como a maior potência comercial do continente.

Deveria ter ficado claro a esta altura, depois de duzentos anos do descobrimento do Brasil, para os países ibéricos, que o comércio de commodities contra produtos industrializados, de alto valor agregado, com tecnologia embutida, conhecimento científico lastreando os produtos industrializados não seria possível manter uma balança comercial superavitária entre os países ibéricos colonialistas agricultores e as potências industriais.

A produção industrial exigiu e recebeu o impulso da matemática para tornar-se mais eficiente, eficaz, produtiva e cada vez mais precisa e padronizada. A qualidade dos produtos melhorava aos saltos, o controle da produção, as novas invenções e aperfeiçoamento dos teares, a substituição da força animal e humana era um caminho sem volta na indústria. O mesmo dinamismo não se viu na indústria agrícola do açúcar, do pau Brasil, do ouro, do algodão e do café.

O que se altera, agora, são as posições. Fernando Novais escreveu, em *Portugal e Brasil na crise do Antigo Sistema Colonial*, que "o equilíbrio das relações políticas internacionais se organizava, nesse momento, em torno de França e Inglaterra (...) passando as monarquias ibéricas ao segundo plano". A política que cada nação seguiu ao longo desse tempo determinou uma ordem mundial mais diversificada a partir do século XVII, bem como a queda ibérica.

Nesse contexto, os ingleses assumem, para Portugal, uma importância vital para a sobrevivência dos domínios ultramarinos e da economia. No entanto, aos portugueses cabe um papel secundário no que se refere ao mundo inglês. A partir da análise dos fatos da época, pode-se "concluir-se ter sido a importância política e econômica da Inglaterra para Portugal muito mais relevante que a importância de Portugal para a Inglaterra".

Aos segundos interessava-lhes explorar comercialmente a nação ibérica, estender a rota comercial de suas manufaturas às colônias desta e ampliar sua esfera de poder na Europa, tirando da França, sua maior concorrente, aliados possíveis. Aos segundos, manter-se vivos na conjuntura européia e colonial; ou seja, manusear a grandeza do Império Português.

AS RELAÇÕES

Os acordos comerciais entre Portugal e Inglaterra começam, então, em 1642, assinando-se outros dois em 1654 e 1661. Nestes, fica clara a sujeição a que os lusos se submetiam: os portos de Portugal eram abertos aos navios ingleses (que controlarão importações e exportações); comerciantes ingleses residentes em Portugal obtinham privilégios fiscais, civis e judiciais (não se submetendo inclusive às leis locais e tendo um juiz especial – chamado privativo – para julgá-los em caso de infração); Portugal deveria obrigatoriamente adquirir seus navios na Inglaterra. Além disso, os comerciantes ingleses conseguem obter o direito de participar no comércio metropolitano com as colônias, exportando a elas seus produtos (com exceção de vinho, bacalhau, azeite e farinha, que eram monopólio lusitano) e fazendo os fretes de importação, dividindo com Portugal os lucros de venda na Europa (isso valia para todos os produtos coloniais, menos o pau-brasil, exclusivo da Coroa).

O que ocorre, pois, é a perda do **monopólio colonial**. Se antes Portugal possuía exclusivismo na exportação e importação comercial com suas possessões, agora tinha de dividir tal comércio.

Os ingleses penetraram com seus produtos nas colônias e, utilizando-se de sua marinha (maior em número e tecnologia), tornam-se o terceiro elemento nas transações entre Portugal e colônias.

No entanto, passam a dominar esse comércio: os produtos que exportavam para a nação portuguesa e colônias eram principalmente manufaturas, cuja venda lhes rendiam bons lucros.

Em contrapartida, o principal produto colonial oferecido era o açúcar, cuja venda em Europa rendia a maior parte das rendas da Coroa lusa. Mas este já era produzido pelas colônias antilhanas inglesas e distribuído na Europa, concorrendo com o português e determinando baixos preços.

Configura-se assim o seguinte quadro: a Inglaterra lucra vendendo produtos manufaturados e de primeira necessidade (alimentos, roupas) a Portugal e seus domínios, e, possuindo também os direitos de transporte dos produtos portugueses às colônias e vice-versa, obtinha rendas.

Portugal, no entanto, conseguia baixos rendimentos: as importações coloniais, de produtos agrícolas, concorriam no mercado europeu com as de outras metrópoles; as exportações para os mercados de suas colônias pouco rendiam, visto que eram dominados pelos produtos ingleses; suas exportações para a Inglaterra resumiam-se, principalmente, a vinhos (que, segundo Sideri, já tinham desde tal época menor taxa de entrada no mercado inglês para concorrer com os franceses) e outros alimentos; e ainda tinha de dividir parte do que ganhava, para pagar custos de transporte.

Essa perda do exclusivismo agravou a situação portuguesa, bem como a diferença de valor entre os produtos trocados entre as duas nações, e não só criou um grande déficit na balança comercial com a Inglaterra mas minou possibilidades de desenvolvimento. Sideri pensa que "o lento desenvolvimento [do comércio de Portugal com as colônias] provocava um incentivo na criação e expansão das manufaturas em Portugal.

A partir da assinatura dos tratados(...) reduziu-se significativamente a percentagem dos manufaturados portugueses exportados para as colônias". O pólo de destaque comercial desloca-se para a ilha européia, que passa a controlar as transações comerciais com o universo colonial e o Oriente.

Da mesma forma, dentro de Portugal os comerciantes ingleses obtinham vantagens comerciais que os permitiam construir fortuna. Eles formavam entre si organizações comerciais (*feitorias*) e controlavam os negócios de importação e exportação entre Inglaterra, colônias e Portugal.

E, quando a exportação de vinho (final do século XVII) para a Inglaterra tornou-se um negócio importante, passaram a controlar a produção na região do Alto Douro, submetendo os plantadores aos preços que estabeleciam e fazendo todo tipo de chantagens para comprar os vinhos da maneira que lhes fosse melhor e mais lucrativa.

Tal situação foi reforçada quando, em virtude do Tratado de Methuen, Portugal se especializou na produção vinícola (em detrimento de outras culturas) e um pouco atenuada quando Pombal colocou intervenção estatal nas transações entre comerciantes e produtores, com a Companhia de Vinhos do Alto Douro. Tamanhas facilidades somente poderiam atrair ingleses para estabelecer negócios em Portugal. Segundo João Lúcio de Azevedo, "em 1717 contavam-se 90 casas de comércio inglesas somente em Lisboa". Mas é preciso ressaltar que tal monopólio comercial inglês era reforçado também pelo que se disse na primeira parte: a falta de mentalidade comercial dos portugueses, sua falta de preparo para o Capitalismo. E principalmente, a defasagem do conhecimento científico matemático português. Vejamos o comentário do mesmo historiador a respeito dos comerciantes lusos da época: "Os negociantes da terra eram poucos, fracos de cabedal e ignorantes(...) traficantes bisonhos, e sem o recurso indispensável do crédito, porque bancos não havia, os ardis triviais do comércio encontravam-se inermes".

Portanto, uma primeira mas fundamental conclusão podemos alcançar, que já serve para desmistificar o Tratado de Methuen (visto por muitos erroneamente como o que estabelece a dependência lusitana aos ingleses). **A dominação comercial portuguesa pela Inglaterra, bem como o domínio desta nas colônias lusas, estabelece-se logo após a Restauração.** Methuen não a constitui, mas sim a reforça, como escreveu Sideri. "O tratado(...) mais não foi que o resultado lógico de uma situação vinda do século XVII, com a assinatura dos tratados de 1642, 1654 e 1661".

Da mesma maneira, esse tratado não propôs exclusivismo comercial entre ingleses e portugueses: os primeiros não deixaram de comprar vinhos de França e Espanha somente porque tinham acordo com Portugal; os segundos tentaram desenvolver manufaturas têxteis, diminuir a influência inglesa e constituíram relações comerciais inclusive com inimigos ingleses (sendo tal ação parte integrante das *relações de neutralidade lusas* defendidas por Novais em sua obra: Portugal evitava envolver-se em guerras européias para assim, mesmo aliado comercial da Inglaterra, poder comercializar com outros países).

Portugal possuía acordos de defesa e comerciais com os ingleses, que tinham preferência. Mas não deixou em nenhum momento de procurar manter uma política neutra no continente, abstendo-se de tomar posições em guerras (somente quando a Inglaterra o forçava tinha de participar) e mantendo comércio com outras nações.

Por exemplo, lusitanos e franceses mantinham intensas relações comerciais no século XVIII tendo como produto chave o algodão produzido no Brasil; da mesma forma, não deixaram de entrar em Portugal panos franceses e holandeses, embora em menor quantidade e taxas de impostos superiores às da Inglaterra.

Em algumas oportunidades Portugal até enfrentou a Inglaterra, principalmente no governo de Pombal, quando o Estado passou a exercer maior controle sobre a produção vinícola (intermediando a venda de produtores aos comerciantes ingleses, procurando auxiliar os primeiros), promovendo um processo de industrialização e controlando com mais afinco o comércio entre Portugal e

Brasil, por meio de Companhias de Comércio.

Pombal sentia que era preciso reduzir a influência inglesa para reconquistar a independência nacional e melhorar a economia. Seus planos enfrentaram represálias por parte da Inglaterra (que, por exemplo, praticamente igualou as taxas de entrada dos vinhos franceses e portugueses em seu território, reduzindo assim a procura por este na Inglaterra e, conseqüentemente, as exportações portuguesas), mas alcançaram certo sucesso: Portugal reduziu suas importações e diversificou as exportações.

No entanto, a entrada do século XIX trouxe a invasão napoleônica e a necessidade de proteção inglesa. O domínio voltava a se configurar; agora, mais forte e disposto a aplicar uma punhalada em Portugal: tirar os lusitanos da intermediação do seu comércio com o Brasil.

Espera-se aqui termos consertado um certo equívoco de muitos livros, que é considerar o Tratado de Methuen como definidor de **exclusivismos** comerciais anglo-lusitanos, bem como que o único estabelecedor das relações de dominação dos ingleses sobre a nação lusitana.

Fora a opção ibérica pelo abandono da Matemática que permitiu que o setor mais dinâmico da economia que sempre foi o setor de uso intensivo de tecnologia, naquela época representada pela indústria manufatureira, que dependia de uma ampla base de conhecimentos teóricos dado pela Matemática.

Denada adiantaria a Portugal industrializar-se importando a modernas máquinas de tear da Inglaterra ou da França. Seria outra forma de dependência tecnológica para Portugal. Somente a capacidade de projetar e de desenvolver tecnologia mecânica daria a Portugal condições de voltar a parear-se com França e Inglaterra, através do incentivo ao aprimoramento do desenvolvimento científico interno e a conseqüente evolução tecnológica derivada do complexo científico matemático que é a única base da prosperidade de uma nação.

O TRATADO DE METHUEN E SUAS INTERPRETAÇÕES

Assinado em 27 de dezembro de 1703 em Lisboa, o Tratado de Methuen constava de três artigos, afirmando que a Inglaterra se comprometia a adquirir os vinhos de Portugal, pagando estes dois terços dos direitos impostos aos vinhos franceses.

Na mesma lógica, os portugueses se comprometiam a adquirir os panos ingleses. Este tratado, como afirmamos, somente confirmou os termos já definidos nos tratados do século anterior; ele apenas reafirma e confirma as práticas comerciais de exportação vinícola e têxtil que as nações desenvolviam entre si.

Na prática, podemos considerar que Methuen apenas ajuda a agravar a crise da ciência e da matemática com a sinestesia no sistema da base econômica lusitana e fornece aos ingleses os subsídios para financiar a ciência e tecnologia inglesa bases para a Revolução Industrial e firmar-se definitivamente como a maior potência européia.

Sideri afirma em seu livro que as relações comerciais anglo-lusitanas geravam, na maioria dos casos, déficit comercial na balança portuguesa, visto que o valor em importações (não somente de panos, mas de outras mercadorias de primeira necessidade) era sempre maior que o de exportações.

A produção de vinho para exportação somente piorou tal quadro, pois as melhores terras da nação dedicaram-se exclusivamente a tal cultura, reforçando a necessidade de compra de alimentos.

Para agravar mais ainda, os vinhos rendiam pouco para Portugal, pois, como vimos, sua venda era coordenada pelos comerciantes ingleses residentes em terras portuguesas (utilizando-se dos meios já citados anteriormente, esses comerciantes locais de saída monopolizavam o grosso das rendas do comércio de vinhos, o que contribuía para os baixos lucros portugueses e as altas rendas da Inglaterra).

Como compensar tal situação e pagar os déficits, garantindo assim a manutenção das relações com seu maior parceiro e a proteção militar contra invasões que ele lhe assegurava? Aqui entra o ouro das minas brasileiras; será este metal o grande fator econômico que os lusos oferecerão à Inglaterra para equilibrar o comércio. E não se pode negar que o metal era de interesse inglês. Luiz Koshiba afirma que o tratado foi coincidentemente assinado na época em que começava a descobrir-se ouro no Brasil. Afinal, a Inglaterra necessitava de ouro para equilibrar sua própria balança comercial com a França (que apresentava déficits), aumentar seus estoques e ampliar a circulação de moeda corrente em seu território, intensificando assim o mercado interno e os capitais que este poderia gerar com o incremento da produção que tal mercado pediria.

O metal brasileiro, não tendo em quê ser investido em Portugal (pois esta possuía restrito mercado interno e não tinha atividades manufatureiras a serem expandidas e não acreditava em investimento no conhecimento científico, na Matemática e em tecnologia) será escoado quase em sua totalidade para a nação inglesa, permitindo a acumulação de capitais por parte da burguesia inglesa bem como o crescimento do mercado local; ou seja, será um fator essencial para a ocorrência da Revolução científica lastreada pela revolução da matemática cuja sinestesia foi a **Revolução Industrial**, que colocou a Inglaterra na liderança mundial.

Claro que, para tal acontecimento, não se pode negar a influência dos próprios termos de Methuen: ao conseguir um mercado fiel aos seus tecidos, a indústria inglesa pôde desenvolver sua produção, criando as condições para acumular conhecimento científico, consequentemente gerando tecnologia que gera capital financeiro a ser reinvestido. Em troca de tantas vantagens, somente tiveram de ajustar seu paladar para consumir vinho do Porto, que era, de início, preterido pelos da França.

Portanto, podemos também afirmar que o Tratado de Methuen confirmou a dominação inglesa sobre Portugal e suas colônias, em especial o Brasil. Mais do que isso, impediu por sinestesia com a falta de estratégia do Estado Português o desenvolvimento industrial lusitano, ao controlar seu abastecimento de têxteis, e fez-se maior com o ouro brasileiro.

O crescimento de um (ingleses) representou a decadência do outro (portugueses); economicamente falando, podemos afirmar que a divisão de tarefas produtivas anglo-portuguesas encaixa-se nos nascentes princípios econômicos **liberais** do século XVIII: elas faziam parte da chamada **Divisão Internacional do Trabalho**, desenvolvida pelo economista David Ricardo e que pregava a especialização dos países em determinada função que bem soubessem cumprir, dinamizando e desenvolvendo assim a economia mundial como um todo, bem como as boas relações entre as nações. Em outros termos, uma divisão entre países desenvolvidos (produtores de manufaturas) e subdesenvolvidos (produtores de matérias-primas), escondia outra divisão não visível: a divisão entre os países que valorizam e investem em desenvolvimento científico e os que não o fazem. Isto nem a teoria de David Ricardo assume claramente.

No entanto, esse consenso sobre Methuen não existe. Até hoje diversos autores debatem o tratado. Há alguns, como Antônio Mattoso, que o consideram benéfico para ambas as partes: os vinhos lusos estabeleceram-se de vez nas ilhas inglesas, os panos ingleses penetraram em

Portugal derrubando as restrições impostas no final do século passado, quando a política do Conde de Ericeira tentou desenvolver manufaturas nas terras lusitanas, para evitar gastos maiores com importações. No entanto, tal tentativa foi combatida e vencida por pressões inglesas e até mesmo internas: a aristocracia portuguesa atravancava o desenvolvimento industrial, pois considerava este um rompimento de suas tradições campestres. Essa visão está ausente em Sideri. Este autor afirma decisivamente que as manufaturas em Portugal, por causa do Tratado, ficaram travadas; o desenvolvimento parou em geral, a economia entrou em crise.

Na verdade não existe base industrial sem a base da tecnologia, e a base tecnológica não existe sem o conhecimento científico, e o conhecimento científico é lastreado pela base Matemática.

"A agricultura encontrava-se em estado lastimoso; o comércio entregue a estrangeiros, as manufaturas não existiam nas zonas costeiras, e as do interior possuíam técnicas ultrapassadas e não conseguiam progredir, dada a limitação das capacidades empresariais, a falta de conhecimento tecnológico e a ausência dos estudos e ensino de Matemática, a pequena dimensão do mercado que pretendiam abastecer(...) o Brasil, a única colônia com (...) dimensão econômica, constituía um mercado importador de bens estrangeiros, especialmente ingleses".

Daí conclui Sideri: "é de todo impossível defender a idéia de que o Tratado de Methuen provocou vantagens comerciais para Portugal". Parece esclarecer tudo: para Portugal, este tratado representou a renúncia a qualquer espécie de desenvolvimento industrial, científico, Matemático, tecnológico e resultou na transferência para a Inglaterra do impulso dinâmico gerado pelo ouro brasileiro, pelo esforço científico e tecnológico lastreado nos conhecimentos dos grandes Matemáticos da Europa.

Já João Lúcio de Azevedo afirma que não foi Methuen quem deu preponderância à Inglaterra no comércio com Portugal, mas sim os tratados de 1642, 54 e 61. O de 1703 caracterizou-se, para ele, por propiciar às indústrias lusas fugaz prosperidade e, principalmente, a expansão da cultura vinícola na região do Alto Douro. Mas não nega que, nesses tratados, "todas as obrigações ficavam a Portugal, todas as vantagens a Inglaterra".

Por seu lado, Jorge Borges de Macedo considera, sim, que Portugal realmente enfrentou no século XVIII uma decadência manufatureira, mas não em decorrência do tratado de Methuen e sim do ouro brasileiro.

Para o citado autor, a obtenção do metal na colônia americana fizera com que Portugal parasse de se preocupar com o desenvolvimento de outras formas de pagar suas dívidas com a Inglaterra ou procurasse incrementar a produção agrícola e de manufaturas internamente para assim reduzir importações, visto que havia agora ouro para pagar tais dívidas. Como vimos o ouro brasileiro não substitui o conhecimento científico, tecnológico e o ensino e apoio da Matemática para os fundamentos de uma nação com sustentabilidade econômica.

Teria sido, então, a posse do metal um estimulador para solucionar os problemas facilmente, sem se pensar no longo prazo de que o ouro poderia acabar e, sem desenvolvimento interno, a necessidade de importação tornar-se maior. O conhecimento científico não é como o ouro, que somente dá uma safra, ao contrário ele se repruduz, cresce, se metamorfoseia em tecnologia, em prestígio internacional, e produz riquezas.

Continua o autor: "os portugueses tiveram a indústria muito diminuída desde que encontraram as minas de ouro e prata do Brasil". Parece que o caráter do lusitano, de procurar soluções rápidas e instantâneas para seus problemas e não fazer projetos para o futuro, prendendo-se totalmente ao momento vivido (tão bem mostrado por

Sérgio Buarque de Holanda em *Raízes do Brasil*), continuava imperando, mesmo com o crescimento de outro sistema comercial e produtivo (Capitalismo).

No aspecto manufatureiro, o autor afirma ainda que não se pode generalizar; afinal, algumas manufaturas funcionavam nas localidades do interior; as classes populares continuavam a consumir os tecidos portugueses, que eram de pior qualidade mas mais baratos.

Os maiores consumidores de tecidos ingleses eram as classes médias e nobreza, habitantes das regiões costeiras (e influenciadas diretamente pelos navios ingleses que chegavam abarrotados de tecidos). No entanto, nem sempre esses tecidos penetravam no interior da nação, o que garantia a preponderância dos panos nacionais nessas áreas. O que Macedo procura demonstrar é que "tanto antes quanto depois do Tratado de Methuen, continuou a existir indústria de lanifícios em Portugal, com amplo e longo consumo". Contraria, assim, a visão de Sideri, talvez um pouco extremista.

João Lúcio de Azevedo afirma em sua obra que, realmente, parte da indústria lanifícia sobreviveu em Portugal mesmo com os tratados. Cita, por exemplo, que o abastecimento de panos às forças armadas era encargo das manufaturas portuguesas; mas não deixa de ressaltar que tal indústria estava em decadência, e aponta motivos: além do quase exclusivismo inglês no abastecimento comercial, a insuficiência técnica e falta de participação de um Estado decidido a apoiar esse processo de industrialização, e que não ficasse mais preso à mentalidade feudal de sua nobreza, entrando de uma vez no universo capitalista. Para comprovar esse quadro, afirma que em 1784, "dos lanifícios consumidos em Lisboa, não passariam de uma décima parte os de produção nacional".

Da mesma forma que não se pode negar a vivência, ainda que limitada, das manufaturas lusitanas durante a época dos tratados, também não se pode afirmar que sua participação era ínfima perto do poderio e capacidade inglesas.

Assim, o Tratado de Methuen tem sua importância no quadro econômico e político do século XVIII. Determinou o domínio inglês sobre Portugal, um mercado garantido para seus produtos e fundos monetários para realizar a Revolução Industrial e

tornar-se a maior potência européia. Trata-se de um fato histórico a ser estudado e desmistificado em muitos de seus aspectos e conseqüências, analisados erroneamente.

As invenções não resultam de atos individuais ou do acaso, mas de problemas concretos colocados para homens práticos. O invento atende à necessidade social de um momento; do contrário, nasce morto. Da Vinci imaginou a máquina a vapor no século XVI, mas ela só teve aplicação no século XVIII com o desenvolvimento da Matemática mais adequada aos desejos e práticas tecnologias exigidas para efetivar os inventos de Da Vinci.

Para alguns historiadores, a Revolução Industrial começa em 1733 com a invenção da lançadeira volante, por John Kay. O instrumento, adaptado aos teares manuais, aumentou a capacidade de tecer; até ali, o tecelão só podia fazer um tecido da largura de seus braços. A invenção provocou desequilíbrio, pois começaram a faltar fios, produzidos na roca.

Em 1767, James Hargreaves inventou a Spinning jenny, que permitia ao artesão fiar de uma só vez até oitenta fios, mas eram finos e quebradiços.

A Water Frame de Richard Arkwright, movida a água, era econômica, mas produzia fios grossos. Em 1779, S Samuel Crompton combinou as duas máquinas numa só, a Mule, conseguindo fios finos e resistentes.

Mas agora sobravam fios, desequilíbrio corrigido em 1785, quando Edmond Cartwright inventou o tear mecânico.

Cada problema surgido exigia nova invenção. Para mover o tear mecânico, era necessária uma energia motriz mais constante que a hidráulica, à base de rodas d'água. James Watt, aperfeiçoando a máquina a vapor, chegou à máquina de movimento duplo, com biela e manivela, que transformava o movimento linear do pistão em movimento circular, adaptando-se ao tear.

Para aumentar a resistência das máquinas, a madeira das peças foi substituída por metal, o que estimulou o avanço da siderurgia. Nos Estados Unidos, Eli Whitney inventou o descaroçador de algodão.

Em 1801, Joseph Marie Jacquard inventou um tear mecânico dotado de uma leitora de cartões perfurados, os quais representavam os desenhos do tecido - portanto um processador das informações relativas à padronagem do tecido; o tear funcionava tão bem que este é o primeiro exemplo prático de desemprego provocado pela automação!

As primeiras máquinas a vapor foram construídas na Inglaterra durante o século XVIII. Retiravam a água acumulada nas minas de ferro e de carvão e fabricavam tecidos. Graças a essas máquinas, a produção de mercadorias aumentou muito. E os lucros dos burgueses donos de fábricas cresceram na mesma proporção. Por isso, os empresários ingleses começaram a investir na instalação de indústrias.

As fábricas se espalharam rapidamente pela Inglaterra e provocaram mudanças tão profundas que os historiadores atuais chamam aquele período de

Revolução Industrial. O modo de vida e a mentalidade de milhões de pessoas se transformaram, numa velocidade espantosa. O mundo novo do capitalismo e do conhecimento científico, da cidade, da tecnologia, da Matemática e da mudança incessante triunfou.

As máquinas a vapor bombeavam a água para fora das minas de carvão. Eram tão importantes quanto as máquinas que produziam tecidos.

As carruagens viajavam a 12 km/h e os cavalos, quando se cansavam, tinham de ser trocados durante o percurso. Um trem da época alcançava 45 km/h e podia seguir centenas de quilômetros. Assim, a Revolução Industrial tornou o mundo mais veloz. Como essas máquinas substituíam a força dos cavalos, convencionou-se em medir a potência desses motores em HP (do inglês horse power ou cavalo-força).

Apenas o desejo humano de criar as máquinas não foi nem é suficiente para que elas surjam.

Não foi apenas a abundância de carvão minério de ferro suficientes para desencadearem a Revolução Industrial, nem o surgimento das máquinas a vapor e a eletricidade. Foi o domínio científico das leis que permitissem e explicassem metodicamente o funcionamento das leis da Matemáticas aplicadas à natureza que permitiu manipular e colocar à disposição da criatividade humana os conhecimentos mágicos que empurraram a tecnologia em direção à afirmação dos desejos e dos sonhos dos inventores humanos.

Foi primeiro necessário consolidar o conhecimento básico da abstração matemática, para aplicá-la de modo prático às idéias produtivas que foram transformando o modo de ver e sentir a realidade, e a partir dos sucessos obtidos os inventores foram acumulando e avançando no conhecimento, estabelecendo novos instrumentos teóricos, e novos métodos de projetar, novas ferramentas, novos instrumentos de medição, novas maneiras de combinar os conhecimentos, novas epecializações do conhecimento.

Enquanto as antigas guildas acumulavam conhecimento apenas prático da manufatura, a falta de intercâmbio de informações e a falta da base teória matemática resultaram em quase um milênio de estagnação tecnológica. Bastou a abertura da revolução renascentista para que os matemáticos quebrassem os segredos das ligas de profissionais medievais e incorporassem as teorias à prática para que a maneira de produzir desse um enorme salto qualitativo, copiando e aperfeiçoando o método de produção em série padronizada medieval na divisão das tarefas industriais, com o advento da utilização de máquinas movidas à força mecânica, exigindo a solução matemática de novos problemas advindos da aceleração alucinada da linha de produção mecanizada, mais precisa e exata.

Abaixo, um pequeno histórico da evolução histórica da Matemática :

4000 a.C. - Na Mesopotâmia, os sumérios desenvolvem um dos primeiros sistemas numéricos, composto de 60 símbolos.

520 a.C. - O matemático grego Eudoxo de Cnido define e explica os números irracionais.

300 a.C. - Euclídes desenvolve teoremas e sintetiza diversos conhecimentos sobre geometria. É o início da Geometria Euclidiana.

250 - Diofante estuda e desenvolve diversos conceitos sobre álgebra.

500 - Surge na Índia um símbolo para especificar o algarismo zero.

1202 - Na Itália, o matemático Leonardo Fibonacci começa a utilizar os algarismo arábicos.

1551 - Aparece o estudo da trigonometria, facilitando em pleno Renascimento Científico, o estudo dos astros.

1591 - O francês François Viète começa a representar as equações matemáticas, utilizando letras do alfabeto.

1614 - O escocês John Napier publica a primeira tábua de Logarítimos.

1637 - O filósofo, físico e matemático francês René Descartes desenvolve uma nova disciplina matemática: a geometria analítica, com a misitura de álgebra e geometria.

1654 - Os matemáticos franceses Pierre de Fermat e Blaise Pascal desenvolvem estudos sobre o cálculo de probabilidade.1669 - O físico e matemático inglês Isaac Newton desenvolve o cálculo diferencial e integral.

1685 - O inglês John Wallis cria os números imaginários.

1744 - O suíço Leonard Euler desenvolve estudos sobre os números transcendentais.

1822 - A criação da geometria projetiva é desenvolvida pelo francês Jean Victor Poncelet.

1824 - O norueguês Niels Henrik Abel conclui que é impossível resolver as equações de quinto grau.

1826 - O matemático russo Nicolai Ivanovich Lobachevsky desenvolve a geometria não euclidiana.

1931 - Kurt Gödel, matemático alemão, comprova que em sistemas matemáticos existem teoremas que não podem ser provados nem desmentidos.

1977 - O matemático norte-americano Robert Stetson Shaw faz estudos e desenvolve conhecimentos sobre A Teoria do Caos.

1993 - O matemático inglês Andrew Wiles consegue provar através de pesquisas e estudos o último teorema de Fermat.

Século XVII

- 1698 - Thomas Newcomen, em Staffordshire, na Grã-Bretanha, instala um motor a vapor para esgotar água em uma mina de carvão.

Século XVIII

- 1708 - Jethro Tull (agricultor), em Berkshire, na Grã-Bretanha, inventa a primeira máquina de semear puxada a cavalo, permitindo a mecanização da agricultura.

- 1709 - Abraham Darby, em Coalbrookdale, Shropshire, na Grã-Bretanha, utiliza o carvão para baratear a produção do ferro.

- 1733 - John Kay, na Grã-Bretanha, inventa uma lançadeira volante para o tear, acelerando o processo de tecelagem.

- 1740 - Benjamin Huntsman, em Handsworth, na Grã-Bretanha, descobre a técnica do uso de cadinho para fabricação de aço.

- 1761 - Abertura do Canal de Bridgewater, na Grã-Bretanha, primeira via aquática inteiramente artificial.

- 1764 - James Hargreaves, na Grã-Bretanha, inventa a fiadora "*spinning Jenny*", uma máquina de fiar rotativa que permitia a um único artesão fiar oito fios de uma só vez[2].

- 1765 - James Watt, na Grã-Bretanha, introduz o condensador na máquina de Newcomen, componente que aumenta consideravelmente a eficiência do motor a vapor.

- <u>1768</u> - <u>Richard Arkwright</u>, na Grã-Bretanha, inventa a "*spinning-frame*", uma máquina de fiar mais avançada que a "*spinning jenny*".

- <u>1771</u> - Richard Arkwright, em <u>Cromford</u>, <u>Derbyshire</u>, na Grã-Bretanha, introduz o sistema fabril em sua tecelagem ao acionar a sua máquina - agora conhecida como "*water-frame*" - com a força de torrente de água nas pás de uma roda.

- <u>1776</u> - <u>1779</u> - <u>John Wilkinson</u> e <u>Abraham Darby</u>, em <u>Ironbridge</u>, <u>Shrobsihire</u>, na Grã-Bretanha, constroem a primeira <u>ponte</u> em <u>ferro</u> fundido.

- <u>1779</u> - <u>Samuel Crompton</u>, na Grã-Bretanha, inventa a "*spinning mule*", combinação da "*water frame*" com a "*spinning jenny*", permitindo produzir fios mais finos e resistentes. A *mule* era capaz de fabricar tanto tecido quanto duzentos trabalhadores, apenas utilizando alguns deles como mão-de-obra.

- 1780 - Edmund Cartwright, de Leicestershire, na Grã-Bretanha, patenteia o primeiro tear a vapor.

- 1793 - Eli Whitney, na Geórgia, Estados Unidos da América, inventa o descaroçador de algodão.

- 1800 - Alessandro Volta, na Itália, inventa a bateria elétrica.

Século XIX

- 1803 - Robert Fulton desenvolveu uma embarcação a vapor na Grã-Bretanha.

- 1807 - A iluminação de rua, a gás, foi instalada em Pall Mall, Londres, na Grã-Bretanha.

- 1808 - Richard Trevithick expôs a "*London Steam Carriage*", um modelo de locomotiva a vapor, em Londres, na Grã-Bretanha.

- 1825 - George Stephenson concluiu uma locomotiva a vapor, e inaugura a primeira ferrovia, entre Darlington e Stockton-on-Tees, na Grã-Bretanha.

- 1829 - George Stephenson venceu uma corrida de velocidade com a locomotiva "*Rocket*", na linha Liverpool - Manchester, na Grã-Bretanha.

- 1830 - A Bélgica e a França iniciaram as respectivas industrializações utilizando como matéria-prima o ferro e como força-motriz o motor a vapor.

- 1843 - Cyrus Hall McCormick patenteou a segadora mecânica, nos Estados Unidos da América.

- 1844 - Samuel Morse inaugurou a primeira linha de telégrafo, de Washington a Baltimore, nos Estados Unidos da América.

- 1856 - Henry Bessemer patenteia um novo processo de produção de aço que aumenta a sua resistência e permite a sua produção em escala verdadeiramente industrial.

- 1865 - O primeiro cabo telegráfico submarino é estendido através do leito do oceano Atlântico, entre a Grã-Bretanha e os Estados Unidos da América.

- 1869 - A abertura do Canal de Suez reduziu a viagem marítima entre a Europa e a Ásia para apenas seis semanas.

- 1876 - Alexander Graham Bell inventou o telefone nos Estados Unidos da

América (em 2002 o congresso norte-americano reconheceu postumamente o italiano Antonio Meucci como legítimo invetor do telefone)

- 1877 - Thomas Alva Edison inventou o fonógrafo nos Estados Unidos da América.

- 1879 - A iluminação elétrica foi inaugurada em Mento Park, New Jersey, nos Estados Unidos da América.

- 1885 - Gottlieb Daimler inventou um motor a explosão.

- 1895 - Guglielmo Marconi inventou a radiotelegrafia na Itália.

BIBLIOGRAFIA COMENTADA:

AZEVEDO, João Lúcio de – *Épocas de Portugal Econômico*. Lisboa, Livraria Clássica, 1929.

Um dos mais importantes historiadores portugueses do século, João Lúcio dá uma das melhores descrições e análises sobre a evolução e decadência da economia portuguesa desde o surgimento do Condado Potucalense, no século XI, até o final da época colonial.

BUARQUE DE HOLANDA, Sérgio – *Raízes do Brasil*. São Paulo, Cia. Das Letras, 1995.

Um dos livros mais importantes na "interpretação do Brasil moderno", *Raízes* é o legado mais conhecido e analisado da vasta obra de Sérgio Buarque. Aliando a interpretação dos fatos da história brasileira e portuguesa à análise da mentalidade social dos dois territórios, o historiador contribui para a definição de muitos aspectos que permeiam nossa história e nosso modo de ser e agir até hoje.

GODINHO, Vitorino Magalhães – *Os Descobrimentos e a Economia Mundial.* Lisboa, Ed. Presença, 4 vols., 1981-83.

Seguindo o exemplo de João Lúcio de Azevedo, Godinho pertence à restrita casta dos melhores historiadores lusitanos. Neste livro, ele compara o cenário mundial dos Grandes Descobrimentos à transformação da economia e sociedade portuguesa, em sua ascensão e posterior queda. Mostra de forma magistral como a maior parte dos recursos obtidos pela nação portuguesa em suas colônias foi gasto não num processo modernizador, mas de forma fútil, analisando tal fenômeno como decorrente de uma transição não concretizada do Feudalismo para o Capitalismo.

KOSHIBA, Luiz – *História do Brasil.* São Paulo, Ed. Atual, 1993.

Obra didática, mas bem escrita. Contém boa análise sobre o período da mineração no Brasil e como o ouro aqui recolhido se destinava a cobrir parte do déficit comercial com a Inglaterra. Livro de referência.

MATTOSO, Antônio G. – *História de Portugal.* Lisboa, Livraria Sá da Costa, 1939

Relato sobre os principais fatos da história lusitana, com uma leve porção de saudosismo e ufanismo. É um dos poucos a defender a tese de que o Tratado de Methuen também foi benéfico a Portugal, que obtinha superávit com a exportação de vinho em troca dos panos ingleses.

NOVAIS, Fernando – *Portugal e o Brasil na crise do Antigo Sistema Colonial*. São Paulo, Ed. Hucitec, 1979.

Livro fundamental para o entendimento das relações entre Brasil e Portugal, e entre este e a Europa, nos séculos XVIII e XIX. Novais analisa a transformação do regime colonial com a decadência lusitana e o aparecimento de novas potências econômicas e coloniais, como França e a própria Inglaterra, que usará sua pujança para dominar o mercado interno e colonial português com o intuito de converter-se na maior força do continente europeu. É nesse contexto que ele recupera dois tratados comerciais anteriores entre lusitanos e ingleses, que dão base ao acordo de Methuen na entrada do século XVIII.

SERRÃO, Joel (org.) – *Dicionário da História de Portugal.* Lisboa, Iniciativas Editoriais, Volume III.

Narra a história lusitana por meio de verbetes significativos à trajetória do país. Como Mattoso, Joel Serrão defende a superioridade portuguesa no acordo de Methuen e afirma que o tratado incentivou a indústria vinícola do país. Esse argumento é contestado principalmente por Sandro Sideri.

SIDERI, Sandro – *Comércio e poder: colonialismo informal nas relações anglo-portuguesas.* Lisboa, trad. Port., Ed. Cosmos, 1970.

Livro-base deste ensaio, se detém especificamente na análise de todos os tratados firmados desde o século XVII entre Portugal e Inglaterra. Perfeito nas descrições de conjunturas históricas e interpretação dos fatos, a obra de Sideri se torna um tanto cansativa quando se propõe a analisar as teorias econômicas vigentes na época e o valor das moedas de troca nessas relações econômicas. Entre os livros usados, é o mais completo para consultas sobre os tratados comerciais entre portugueses e ingleses, analisando-o de forma crítica.

Bolha Brasil: o apagão de conhecimento

Estação Espacial Internacional

Parabéns para o Brasil que o PT de Lula nos legou nestes dois mandatos gloriosos, onde os avanços nunca antes tidos na História do Brasil aconteceram pelas mãos de ninguém menos do que o representante legítimo do povão que chegou ao poder nunca antes na nossa elitista História nada gloriosa desde o Brasil Colônia.

O que vou relatar aqui se insere naquela velha circunstância histórica em que séculos de desprezo pela nação nos legaram vícios da elite dominante que explorou o País, servindo-se muito bem dele e da nação para vangloriar-se na Europa, passear e curtir os ganhos-Brasil lá fora, nas estações de esqui, nos cafés, nos cassinos, falando fluentemente Francês, Inglês, Alemão, e envergonhadamente Português.

A nossa elite sempre gostou de mandar seus filhos estudarem na Europa, agravando aqui no Brasil a idéia de que os títulos pós-graduados somente têm valor quando escritos em língua estrangeira, embora as nossas melhores universidades sigam a risca toda a bibliografia vinda do exterior, seus programas de treinamento são totalmente clonados das melhores universidades americanas e européias. Mas os títulos daqui não têm o mesmo valor segundo a nossa tradição.

Esta elite que despreza o Brasil e os brasileiros, acostumada a se abastecer no exterior, despreza tudo que é nacional, nunca deu valor ao que aqui é e pode ser desenvolvido pelos caboclinhos brazucas.

Esta elite agora pensa que pode comprar conhecimento tecnológico no exterior. Por isso tem encontrado enormes dificuldades para suprir as lacunas do Estado nesta nova fase que se apresenta o Brasil como ator político destacado no cenário das relações internacionais.

Os baluartes do mundo da tecnologia investiram décadas de pesquisas, treinando gente, gastando tempo e dinheiro, espionando, copiando, patenteando invenções e desenvolvimento de invenções para obterem vantagens comparativas no mercado internacional, e em alguns casos, obterem a superioridade absoluta em certas tecnologias.

A nossa elite, acanhada, quis guardar para a si o acesso exclusivo ao conhecimento científico. Mas, ocorre que o conhecimento científico precisa de massa crítica para florescer. As pesquisas precisam de continuidade. A elite não dá conta sozinha de produzir e de reproduzir a competência intelectual, precisa da participação em massa da massa, do povão.

A elite nunca sonhou em partilhar e compartilhar os seus privilégios de classe com o povão, seria um enorme risco de retirar de seus dependentes a garantia da continuidade dos privilegiados e preguiçosos descendentes.

Mas, mesmo assim, fora oferecido ao Brasil compartilhar e desenvolver a sua própria pesquisa num projeto de maior importância para a humanidade: o consórcio da Estação Espacial Internacional. O que fez a nossa elite de estreiteza visionária? Recusou a oferta generosa. Tecnologia nunca se vendeu na história da humanidade! Vende-se tecnologia obsoleta. Tecnologia de cria ou se rouba!

Mas, a nossa elite acostumada a ir ás compras na Europa ainda acredita em poder encontrar um supermercado de tecnologias à venda! Quanta ilusão!

A nossa elite está esperando os "trouxas" desenvolverem a tecnologia lá na estação espacial para quando eles descerem de lá nos venderem aqui na Terra!

Compra de aviões projeto FX

Abriu-se uma licitação internacional para a compra de tecnologia avançada embarcada nos aviões militares de caça para a nossa gloriosa Força Aérea Brasileira – FAB.

Este processo começou no governo Collor de Melo, atravessou o governo Itamar Franco, passou pelos dois mandatos do Presidente Fernando Henrique, e depois atravessou os dois mandatos do presidente Lula da Silva, e ainda aguarda no governo de Dilma Roussef.

O que impede do processo ser concluído, em resumo? A transferência de tecnologia terá que fazer parte do pacote de venda dos aviões.

Imagine que a nossa elite vive ainda acreditando que depois de toda a corrida espacial, da guerra fria, e de trilhões de dólares, francos e rublos os países idiotas vão nos vender a tecnologia desenvolvida durante quase 70 anos na aviação, eletrônica, processamento de sinais digitais, técnicas de construção, fórmulas de cálculos de engenharia para perfis aerodinâmicos de alto desempenho!

Durante a Segunda Grande Guerra Mundial mesmo sob um dilúvio de bombas alemãs desabando sobre o seu território, com o penoso sacrifício de milhares de civis sendo arrasados pelos Stukas, Heinkel, V2, V1, os ingleses a tudo suportaram, com o auxílio inquestionável dos EUA, seu maior aliado contra os alemães. Com tudo isso, os ingleses esconderam muitos segredos tecnológicos dos norteamericanos, que poderiam ajudar ao EUA a ajudar a encerrar a guerra mais rápido e com grande poupança de vidas aliadas, civis e militares. Os ingleses esconderam dos EUA, durante a guerra: a invenção dos freios a disco, que poderiam abreviar o esforço de pouso de aeronaves embarcadas em porta-aviões em 80%, permitir que grandes bombardeiros pousassem em pistas muito mais curtas, e que pilotos com aviões avariados pousassem com maior segurança. Esconderam também dos norteamericanos as suas pesquisas sobre computadores eletrônicos, turborreatores, e radares.

Os EUA não possuem um único material em seus inventários das forças armadas, USARMY, USAF, Marines, USNAVY que não tenha sido produzido nas indústrias norteamericanas. E o Brasil acredita que vai vender aeronaves Tucano para os EUA.

.

Durante a década de 80, a antiga União das Repúblicas Socialistas Soviéticas projetaram a formação de cerca de 300 mil matemáticos por ano! Entre engenheiros, estatísticos, físicos e Matemáticos para suportar a corrida tecnológica com o seu mais bem preparado adversário na Guerra Fria, os Estados Unidos da América do Norte!

E o Brasil ficava deitado em berço esplêndido, subvalorizando os seus engenheiros, sem falar dos físicos que eram formados apenas para serem professores, juntamente com as levas de matemáticos, isto a uma taxa anual de alguns milhares, quando muito não passavam de 20 mil formados por ano, enquanto isso as nossas universidades continuam a despejar milhares de médicos (60 mil, incluindo auxil. e terapeutas) e de advogados (70 mil) na maior advocracia do mundo, perdendo em número de advogados por habitante apenas para o Japão. (O Brasil forma por ano: 277 mil Cientistas Sociais - Campeão mundial neste setor é o País do Blá-blá-blá, como diria o Ex-ministro Sérgio Motta: "masturbação sociológica", 200 mil Educadores e 108 mil administradores. Veja quanto os países protagonistas da tecnologia lançam de engenheiros por ano: China 640 mil/ano; Índia 340 mil/ano, EUA 201 mil/ano; Rússia 190 mil/ano; Japão 177 mil/ano; França 103 mil/ano; Alemanha 66 mil/ano; Inglaterra 60 mil/ano, Espanha 50 mil/ano; Polônia 50 mil/ano; Itália 36 mil/ano).

Advogados e médicos não constroem e projetam submarinos atômicos, aviões de caça avançados, programas de computadores militares estratégicos, computadores, chips de computadores e tecnologia de ponta.

Assim, ficamos no papel de quem espera Godot chegar e ele nunca chega para nos vender a tecnologia. E também não corremos atrás do tempo perdido na criação de cérebros preparados para não somente criar tecnologia, mas até para copiar tecnologia se precisa de técnicos preparados para compreendê-la e depreende-la na engenharia reversa.

Alguém precisa dizer aos nossos governantes que tecnologia se conquista ou se rouba!

Seja como for, o Brasil não irá a lugar algum apenas pensando em pequenas aquisições condicionadas a uma improvável e fantasiosa transferência de tecnologia. Somente alcançará seus objetivos se abrir os olhos para reais parcerias de desenvolvimento, caminhando aí sim para obter tecnologia própria no futuro.

Talvez eles acordem para a realidade que a tecnologia traduz a cultura de uma civilização que vai ali codificada seu modo particular de perceber a realidade, são maneiras particulares de relação com a ciência. O computador japonês é diferente do chinês, que é diferente do americano, que é diferente do russo, que é diferente do polonês, que é diferente do alemão; a tecnologia reflete não apenas o grau de desenvolvimento do conhecimento senão a forma particular de fazê-lo. Não se copia a cultura. A cultura sempre é amalgamada quando entra em contato com outras culturas diferentes, nunca sai ilesa da interferência de outra cultura da qual entra em contato. Ambas se modificam. Tecnologia é cultura.

A cultura é um fenômeno desconhecido e misterioso. A cultura não pode ser anulada, transferida, censurada ou ensinada. Cultura não desaparece, nem surge do nada. Ditadores sonham que um dia, uma vez, podem submeter um povo ao seu domínio através da sua perspectiva cultural.

Não tem sido assim na História da humanidade. O dominador é o dominado, e o dominado é o dominante.

Assim, o capoeirista poderia ser preso praticando a sua arte marcial, antes da sociedade desistir de domá-la; mas, o Estado e a sociedade não assimilaram a lição. Perseguiram e estigmatizaram pela criminalização e pela exclusão social os primeiros sambistas, os cabeludos, os barbudos, os rockeiros, os hippies, a feijoada, o bikini, a minissaia, a guitarra-elétrica, os artistas populares, o forró, tudo, antes de virar "chique" e ser transformado pela fusão cultural.

Este processo contínuo de transformação que termina na aceitação, não sem antes modificar os ingredientes da cultura insurgente modificando-a através de uma nova síntese, num processo dialético contínuo de reconstrução.

A cultura é uma criação anônima e coletiva. É a ponta do iceberg de subculturas que vão se amalgamando e consolidando à medida que recebe reforços sociais construtivos e destrutivos, incentivos e discriminações.

Nenhum professor sai ileso de uma sala de aula. É melhor não entrar nela quem pensa que vai ensinar alguma coisa aos seus discípulos. O professor e o aluno saem da sala de aula transformados, trocaram experiências sensitivas e cognitivas sem a consciência do processo lento e vigoroso.

A engenharia social consiste em misturar as experiências de etnias e culturas para forjar o novo. Assim como a América não se transformou na Nova-Europa, com a migração dos britânicos e dos germânicos protestantes, uma nova civilização diferente ali se construiu. E assim vai se construindo uma nova civilização contra a vontade dos israelenses no Oriente médio, porque será inevitável que as duas culturas, ou as muitas culturas árabes, ocidental, judia, cristã, muçulmana, fenícia já estarão produzindo as suas variantes de novos islamismos, judaísmos, cristianismos sem que os seus protagonistas o percebam ou o desejem.

Nós do Ocidente não percebemos o quanto o judaísmo nos marcou. Quando acordamos aos domingos e ao invés de irmos trabalhar ou formos para a escola tudo pára: é o costume judaico que nos obriga a guardar e separar o dia de domingo. O costume da monogamia, a supervalorização do dogma da virgindade, e, assim, sem o percebemos foram introjetados no nosso modo de vida elementos culturais alienígenas, mesclados e transformados, alguns destes elementos vão parar nas nossas leis, outros não escritos como guardar o domingo e a virgindade, mesmo não escritos têm enorme importância tanto ou mais do que as normas formais.

Assim, o silvícola domou e domesticou o jesuíta, ensinou-o a gostar do fumo, de tomar banho, a amar e reverenciar a natureza, comer tomate, batata, mandioca, chocolate, o jesuíta que pensou estar interferindo ou destruindo a subcultura inferior não percebeu que foi contaminado por algo que julgava inferior e inútil.

Max Holster e a Embraer

A empresa brasileira Embraer tornou-se hoje um paradigma de como o Estado Brasileiro quando investe em formação e tecnologia apresenta resultados equiparados aos mais altos níveis universais.

Os militares nos anos 60 criaram a instituições certas para darem o salto tecnológico que resultou na criação do maior sucesso do complexo educacional-tecnológico-empresarial do Brasil, até então.

Primeiro criaram os instituições de ensino de primeiro nível, com a criação do Instituto Militar de Engenharia - IME, do

Instituto de Tecnologia Aeronáutica - ITA, instituições de ensino. Criaram institutos de tecnologia e pesquisa como Centro Técnico Aeronáutico – CTA, Instituto de Pesquisa da Marinha – IPEM, assim estavam formadas as bases para o surgimento da Embraer.

Para criarem o seu primeiro produto, o ITA contratou o engenheiro francês especialista em estrutura de aviões Max Holster, e firmou um convênio para a utilização de supercomputadores da NASA para efetuar os delicados e complexos cálculos de engenharia aerodinâmica do projeto de seu primeiro produto que foi a aeronave batizada de Bandeirante.

Sem a participação de Max o projeto certamente seria um fracasso. Outras idéias mirabolantes e nada práticas foram descartadas sob o comando técnico de

Max e do major Ozires Silva, o primeiro diretor da Embraer.

Max Holster trouxe o conhecimento avançado que faltava para introduzir no projeto do Bandeirante, e com a sua participação chave projetou a Embraer como uma empresa competente, e firmou o nome do Brasil dentre os três maiores e mais importantes fabricantes mundiais de aviões.

Mas, não fabricamos os motores turbojatos, nem os aviônicos das aeronaves. Como queremos ser líderes em fabricação de aeronaves? Faltou algo na lição de casa. Se tivéssemos nos dedicado a estes setores certamente que o Brasil não estaria de pires nas mãos com o projeto FX encalhado nas docas da tecnologia que deixou de ser desenvolvida a tempo.

A religião católica

O fator cultural do Brasil rebate em uma das bases de nossa formação que é a religião predominante que segundo Sérgio Buarque de Holanda, marca profundamente o modo de ser e pensar da nossa civilização brasileira.

Em sua teoria dobre o desenvolvimento e o capitalismo o sociólogo alemão Max Weber associou o sistema capitalista ao espírito protestante e o seu jeito de ser.

Sem maiores preâmbulos, e estendendo a tese de Weber sobre o espírito religioso e a sua influência no comportamento social, econômico e político de uma nação, adicionaríamos, com a vênia de Weber o espírito confucionista e o budista aos requisitos religiosos dos países vitoriosos no capitalismo.

Os países católicos desenvolvidos estão alguns degraus abaixo do desenvolvimento capitalista mundial.

Todos os países subdesenvolvidos ou são muçulmanos ou são católicos,segundo Weber.

Esta é uma relação complicada, complexa e não muito clara entre a religião e o desenvolvimento social e econômico, mas ela nos estimula a pensar se realmente existe esta relação direta entre certas religiões e o desenvolvimento capitalista.

Produção de chips de microprocessadores

O s países de ponta já dominaram e domaram as técnicas de difusão de pastilhas de microprocessadores em seu ciclo completo. Nenhuma potência mundial depende desta tecnologia.

O Japão fez a lição de casa e até nos ensinou como obteve esta tecnologia. Fez um filme documentando como foi que roubou esta tecnologia dos laboratórios da

Intel nos EUA, logo após a descoberta do chip de computador pelo Dr. Noyce.

Mas estavam preparados para isto. Nesta fase o Brasil dava passos largos para obter a sua tecnologia de chip. Aí veio o governo collorido e matou as pesquisas avançadas em andamento, no Brasil tirando a irrigação de verbas, extinguiu empresas de pesquisa, desbaratou grupos de pesquisa e abriu as portas do mercado brasileiro extinguindo a reserva de mercado de informática, coisa que os EUA mantém até hoje através do American Buy Act que garante a reserva de mercado de tecnologia para as empresas americanas, como se viu recentemente na última tentativa da venda de aviões Tucano da Embraer para as forças armadas dos EUA, barradas por uma concorrente americana, mesmo depois de anunciado o resultado da concorrência internacional onde a Embraer sagrou-se a vencedora.

Não é preciso dizer que o domínio da microeletrônica é o passaporte para tudo que vier daqui pra frente. Mas, perdemos o bonde desta história.

Indústria automobilística nacional

Nenhuma potência está ausente do mercado de fabricação de automóveis sem a sua própria indústria nacional de automóveis.

Não se sabe a relação direta que isto tem a ver com o fato de ser potência mundial, mas, nenhumas das potências mundiais apresenta esta ausência. Assim como todas as potências mundiais possuem as suas marcas nacionais de automóveis, nenhuma delas deixou de apresentar um programa de lançamento e construção de naves e lançadores espaciais de satélites artificiais e tripulados.

Dominar a tecnologia espacial e automobilística virou uma referência para ser uma superpotência.

Nenhuma delas prescinde do domínio do processo do controle completo do ciclo da energia nuclear.

Diante destes símbolos, como o Brasil vai estar presente sendo diferente, embora pareça ser mera questão de status?

A explicação é que a pesquisa espacial, o domínio da energia atômica é o certificado de qualidade de um rigoroso e competente sistema de domínio das bases de conhecimentos completo de todos os ramos da taecnologia.

Um submarino nuclear é o artefato tecnológico mais complexo jamais construído pela tecnologia humana, a seguir em nível de complexidade tecnológica vem os engenhos espaciais.

Sem esta certificação não adianta posar de parceiro e ombrear os líderes mundiais em tecnologia.

Ensino e pesquisa: o apagão

O Brasil não vai ser a potência mundial que se anuncia.

Estamos vivendo um apagão de preparação na educação que se comunica com a tecnologia ausente, e este apagão vai estourar a bolha de desenvolvimento que nos movimenta para ocupar os primeiros lugares em desenvolvimento econômico mundial.

Infelizmente este momento está bem próximo. A nossa defasagem tecnológica, educacional vai implodir todo este esforço que colocou o País na aparente vanguarda da economia mundial nestes últimos 10 anos.

Não é a economia quem vai nos explodir, ao contrário do que aconteceu em 2008 nos EUA: o que vai nos explodir é a educação.

Vivemos um gap de educação que não se vai resolver nem que o governo brasileiro invista 100% do PIB nos próximos dez anos, continuamente.

Faltariam professores, universidades, alunos vestibulandos, material didático, pedagogia, incentivos aos alunos para estudarem engenharia ao invés de correrem para os cursos de medicina e de direito.

Todos os países que foram ou são potências mundiais nunca desprezaram a educação e a tecnologia. Não será o nosso País a única exceção. Seria pura fantasia esperar que pudéssemos manter a competitividade com a Índia, que lidera na ciência da Matemática, em programas de computadores, Astronáutica, Engenharias, coma Rússia que lidera em conhecimento tecnológico em todas as áreas de conhecimento básico com Química, Astronáutica, Matemática, Engenharia Naval, Engenharia Aeronáutica, Engenharia Eletrônica, Engenharia Civil, Medicina, Biologia, Estatística, a China domina as Engenharias, Matemática, Química, Astronáutica, Computação, Metalurgia, e o Brasil: domina o Direito, Relações Internacionais, a melhor diplomacia do mundo, Novelas de TV, Carnaval, Futebol e Astrologia!

P.S.:

A comunicação social, citando fontes do Serviço Federal de Cooperação Técnico-Militar, informa sobre um acordo prévio russo-chinês visando o fornecimento para a China de 24 caças *Su-35*. O contrato poderá facilitar a entrada deste avião russo no mercado mundial, embora a cooperação com a China envolva certos riscos.

<u>Veja as fotos do caça Su-35</u>

O caça *Su-35BM* virou a última interação da plataforma *T-10C*. O seu primeiro modelo era o famoso caça *Su-27* que, a par da sua modificação, o *Su-30* conquistou, nos anos 1990-2000, a fama mundial. Os aviões baseados em plataforma *T-10* têm gozado de grande procura nos últimos 20 anos.

Convém notar que foi a China que lhe abriu o caminho para o mercado internacional. O primeiro contrato, prevendo o fornecimento de 20 caças *Su-27SK*, foi assinado em 1991, enquanto que o segundo, visando a venda de 16 aparelhos do gênero, foi firmado em 1996. Em seguida, foi firmado um acordo de entrega de 100 lotes para a montagem autorizada. Depois disso, a China adquiriu os aviões de marca *Su-30MKK*.

Aos contratos acima se seguiram os acordos com a Índia, a Malásia, o Vietnam, a Argélia e outros países. Todavia, o sucesso comercial tem um lado reverso. Ao proceder à montagem, a China começou a copiar o caça russo, tendo lançado a produção do avião "local" próprio *J-11*. Por uma série de características, inclusive o recurso de propulsores e o equipamento de bordo, a versão chinesa copia em muito o original. Mas o processo de reprodução aumentou as potencialidades da indústria de aviação militar chinesa, o que permitiu acelerar a modernização da Força Aérea, a qual, no início dos anos 2000, tinha a seu serviço os engenhos *J-6*, quase idêntico aos *Mig-19* soviéticos dos anos 50 do século XX.

Não é primeira vez que a China manifesta um vivo interesse em relação aos aviões de 5ª geração. Todavia, o destino do *Su-27* na China implica reflexões sobre uma eventual repetição da história com o *Su-35*. Quem poderá garantir que não haja tentativas de copiar o avião russo? As perdas potenciais com isso poderiam ser diminuídas por um significativo lote de cerca de 50 aparelhos voadores. Tal aquisição privaria de sentido a reprodução, enquanto que o dinheiro auferido pelo produtor, poderia ser canalizado para a projeção de engenhos mais sofisticados.

Uma partida de 24 aviões não seria suficiente para aceitar uma hipótese de que, daqui a 10-15 anos, venha surgir no céu um clone chinês. O risco poderá ser diminuído pelo eventual fornecimento da versão simplificada do *Su-35* que, provavelmente, será posto em prática. O preço de 1,5 bilhões de dólares por 24 engenhos não parece muito elevado. O preço das versões "top" com base em T-10 já superou a fasquia de 100 milhões por uma unidade.

O fornecimento da versão simplificada, tomando em conta que a reprodução da máquina levaria 5-7 anos, poderá vir a ser uma opção razoável mas não ideal. O ideal seria a redução de fornecimentos do equipamento *hi-tech* militar russo àquele país. As perdas potenciais poderiam ser compensadas à custa da encomenda interna.